Platos combinados es una lectura entretenida y una manera divertida de conocer Madrid. De la mano de Verena, una estudiante de Erasmus que llega a la capital de España, conoceremos sus rincones, personajes, tradiciones, sombras y contradicciones.

Estructurada como si fuese la carta de un restaurante, vamos avanzando en la historia y descubriendo, a un mismo tiempo, algunas peculiaridades de una ciudad multicultural con sus correspondientes giros idiomáticos: expresiones lingüísticas, juegos de palabras, pinceladas culturales que se explican en las notas a pie de página y en el índice de nombres propios y comunes que aparece al final de la lectura.

Platos combinados ofrece también al lector un paseo por los edificios más emblemáticos de Madrid que se mencionan en el relato, mediante una selección de fotos que se intercalan en las actividades que se proponen después de la lectura. Actividades que ayudarán al alumno a fijar los contenidos.

Índice

Platos combinados

◀1   Verena repasaba el correo electrónico que le había escrito su amiga Úrsula mientras tomaba un zumo de naranja en el aeropuerto de Zúrich-Kloten. «Cuando llegues a Madrid el sábado por la mañana irá a recibirte un amigo. Se llama Varick, es berlinés, matemático y muy guapo; vive en el mismo piso. Suerte». El vuelo de Swissair fue tan rápido que a Verena no le dio tiempo a hacerse a la idea de que estaba a punto de aterrizar en la capital europea de mayor altitud un fin de semana de finales de septiembre. Verena salió del avión con pasos temerosos, pensando en que su madre, en ese momento, estaría muy triste por el viaje de la primera «Erasmus Mundi» de la familia; la llamó al móvil para avisarle de que ya había llegado, pero no atendió al teléfono. Verena se dio ánimos, respiró con profundidad y comenzó a buscar entre la gente a un matemático guapo y berlinés.

Recorrió la terminal uno del aeropuerto de Barajas de punta a punta, pero ninguna persona se asemejaba a las descripciones que le hizo su amiga Úrsula; tampoco aparecía su nombre en ninguno de los carteles que la gente suele mostrar para identificar a los pasajeros recién llegados. Decidió entonces sentarse a esperarlo cerca de la puerta de salida, mientras hojeaba un ejemplar de la prensa gratuita del día, que encontró en un asiento. Para Verena esa fue su primera prueba con la lengua española pues, después de mirar el periódico *20 Minutos* de principio a fin, se dio cuenta de que no había retenido casi nada. Pensó en la «memoria de teflón»[1] de la que solía quejarse su abuela y se dijo a sí misma en voz alta para no desanimarse: «¡Son los nervios!». Recordó también lo que una vez dijo su profesora mexicana de español, en el *Bachelor of Arts in Social Sciences* de la Universidad de Zúrich, citando a Carlos Fuentes: «El español es el idioma que ofrece el repertorio más amplio y bello del alma humana»[2]. Siguió sentada en el mismo lugar, esperando a que fuesen a recogerla, sin perderse ningún detalle de lo que acontecía a su alrededor. Le llamó la atención el paso acelerado de la gente tirando de sus maletas, los truenos que anunciaban tormenta y la mano de un chico que le tocaba por la espalda.

—¡Hola! ¿Tú eres Verena? —le preguntó un muchacho más bien bajito, moreno y con acento local.

—Sí, soy yo —respondió sorprendida—, pero tú no eres Varick, ¿verdad?

—No, me llamo Tadeo. Vámonos y te lo explico por el camino —sugirió a la vez que le ayudaba con una maleta.

Se fueron en metro hasta el barrio de Argüelles. Durante la hora y pico[3] que duró el viaje bajo tierra Verena pensó en aquellos lugares que tenía un especial interés por conocer. Se emocionó con tan sólo imaginar que en ese momento estaría pasando por debajo del Museo del Prado. Tadeo la devolvió

---

[1] *Memoria de teflón*: memoria que no se pega, que no se retiene.
[2] Palabras del escritor mexicano Carlos Fuentes al inaugurar el III Congreso Internacional de la Lengua en la ciudad argentina de Rosario en noviembre de 2004.
[3] *Hora y pico*: una hora y minutos indeterminados.

a la realidad subterránea contándole que fue a buscarla al aeropuerto porque Varick se lo había pedido y también para advertirle de que, aunque la esperaban en el piso de la calle Galileo, no iba a ser muy bien recibida.

—¿Úrsula no os avisó de que llegaba hoy? —preguntó desconcertada.

—Sí, todos estábamos avisados, pero ahora que se ha ido Úrsula, Francesca, su compañera de habitación, ha aprovechado para meter a su novio, Philippe; quien a su vez compartía habitación con Kazuo, un chico japonés que estudia Contabilidad en el ICADE. Mira, te lo voy a decir sin rodeos: sólo queda hueco en la habitación de Kazuo, y si no te importa compartir...

A Verena, de pronto, se le puso el rostro muy triste. Había preparado al detalle todos los flecos[4] de su viaje: la universidad de destino, las asignaturas obligatorias y optativas a cursar de la carrera de Publicidad, los horarios; el piso de alquiler al que llegaría por recomendación de una amiga a quien relevaría..., incluso, había comprado una cajita de chocolate blanco de regalo para la estudiante italiana con quien, en teoría, tenía que compartir habitación.

Cuando salieron por la bocacalle del metro Argüelles estaba lloviendo a cántaros[5]. Tadeo corrió a tal velocidad que Verena lo perdió de vista; como iba cargada con una mochila no pudo

---

[4] *Flecos*: asuntos pendientes.
[5] *Llover a cántaros*: expresión para indicar que llueve abundantemente.

seguirlo, no obstante, estuvo un buen rato, bajo el aguacero[6], caminando por la calle Galileo buscando el número del portal. Ahí estaba esperándola Tadeo, que le dio la maleta y se despidió de ella. Verena tocó al telefonillo y avisó de su llegada con mucha educación. Al sonar el timbre empujó la puerta y entró en un enorme vestíbulo presidido por una escalera de mármol; en la pared de la derecha había un espejo y en la pared de la izquierda una reproducción de un cuadro de Joaquín Sorolla, en el que dos mujeres, vestidas de blanco, paseaban por la playa. A un lado de la escalera estaba la garita[7] del conserje, quien no dejaba de examinarla de arriba abajo.

—Buenos días —exclamó tímidamente Verena, mientras subía (sin ayuda del portero) sus maletas por las escaleras al ascensor—, voy al quinto piso…

—Sí, sí, ¡ya! Me imagino… —dijo a modo de saludo, pero que en otro contexto sonaría como un regaño.

Verena, un poco desconcertada, subió en un ascensor que más bien parecía un pequeño tranvía. Cuando llegó, Francesca le abrió la puerta del piso y la recibió con un tono que a todas luces[8] se notaba muy fingido:

—¡Hola, Verena! ¡Te estábamos esperando! ¡Bienvenida! ¡Pero si estás empapada! Pasa, pasa, no te quedes ahí afuera, entra y sécate.

---

[6] *Aguacero*: lluvia repentina y abundante.
[7] *Garita*: cuarto pequeño habitado por los porteros de las viviendas desde donde ven quién entra y sale.
[8] *A todas luces*: sin duda.

Cuando Verena salió del servicio, después de cambiarse la ropa mojada, lo primero que le llamó la atención fue el desorden añejo del piso, que más bien se parecía a un territorio sin normas. Hizo la vista gorda[9] y sacó de su mochila un regalo.

—Toma, espero que te gusten.

—¿Para mí? Gracias, qué detalle. ¡Con lo que me gusta el chocolate blanco! ¡Úrsula te ha informado bien!

El piso de la calle Galileo, en realidad, eran dos pisos grandes unidos por un salón de más de cuarenta metros. Punto de encuentro que dividía la vivienda en dos; a simple vista se notaba que era uno de los mejores escenarios para la organización de fiestas y reuniones de todo el barrio. Todavía quedaban restos de batallas anteriores: un plato de plástico con un trozo de empanada sobre un diccionario María Moliner; un cenicero colmado de colillas encima del televisor; unas deportivas del cuarenta y cinco abandonadas bajo la mesa de centro…

—¡Las zapatillas son de Philippe! —dijo Francesca a modo de disculpa—, le tenemos dicho que las recoja, pero siempre se le olvida. Ya lo conocerás, es muy simpático.

Dejaron las zapatillas debajo de la mesa y continuaron la visita por el ala exterior de la vivienda; primero pasaron por la cocina, cuyo desorden interno era mucho más grave y notorio que el del salón. En ese punto, Verena no quiso mirar; después pasaron por la habitación de Tadeo, pero la puerta estaba

---

[9] *Hacer la vista gorda*: fingir que no se ve nada, con disimulo.

cerrada. Enfrente había otra habitación, y Francesca tocó con los nudillos la puerta:

—Manuela, te voy a presentar a una compañera que acaba de llegar —volvió a tocar con unos discretos golpecitos—. Hoy parece que todavía está dormida —le dijo a Verena al ver que no contestaba.

—No la molestes, ya la conoceré.

Francesca, no obstante, abrió la puerta y se dio cuenta de que no había nadie; Verena, por su parte, pudo deducir que Manuela era brasileña al ver un póster con la ciudad de Río de Janeiro y el Cristo Redentor. Cerraron la puerta, llegaron al final del pasillo y entraron en una de las habitaciones más grandes.

—¿Esta es nuestra habitación, no? —preguntó Verena, a pesar de la advertencia que le había hecho Tadeo.

—Sí, bueno… ¡No! ¡Verás! Úrsula me habló mucho de la «solidaridad helvética»…

Verena reaccionó diciendo que si había problemas podría irse unos días a una pensión cercana. A lo que la italiana contestó que sería cuestión de poco tiempo, pues ella y su novio se trasladarían a otro piso y, mientras, podría dormir en el salón.

La primera noche en el piso de la calle Galileo fue mucho más difícil de lo esperado. Sentada en el sillón, frente a la tele encendida, le recordó el punto de encuentro del aeropuerto de

Barajas, pues la gente que pasaba por ahí también iba con el paso acelerado.

—¡Hola! ¿Tú eres la nueva, verdad? —preguntó una chica que iba vestida de manera muy elegante, con tacones altos y muy maquillada—. Yo me llamo Nicoleta, soy de Bucarest. Estudio aquí cerca: en la Escuela Oficial de Idiomas. Si tienes hambre tienes un poco de empanada que compré ayer en la nevera. Ya me contaron que vas a dormir en el suelo mientras Francesca y Philippe se cambian de piso. ¡Son unos frescos! Hoy podrías dormir en la habitación de Varick, porque está de viaje. Se fue con Úrsula a la playa todo el fin de semana, ¿tú la conocías, no? Bueno, cielo, me voy. Te veo, no sé…, un poco triste. Quita esa cara que pronto te acostumbrarás. ¿Qué tal voy? ¿Te gusta mi falda de piel? La compré en las rebajas de Zara. Bueno, te dejo, mañana es domingo, podrás dormir hasta tarde. Adiós.

Al salir por la puerta, Nicoleta se cruzó con Philippe, un chico muy alto y atlético, que venía de hacer ejercicio, razón por la cual el sudor le chorreaba por toda la cara.

—¡Qué tal! ¿Tú eres Venérea, no? —preguntó Philippe.

—No, me llamo Verena.

—Eso, Venera[10], —corrigió a la vez que le daba dos besos—, ¿has tenido un buen viaje? ¿Te gusta el piso? ¿Es grande, verdad? Me voy a duchar, luego te veo.

---

[10] Philippe saluda a la protagonista haciendo dos juegos de palabras. La primera vez, en lugar de decir «Verena» dice «Venérea», una palabra que tiene un sonido muy similar en

—¡Espera! —dijo Verena mientras se limpiaba las mejillas con las mangas de su camisa y le señalaba las zapatillas deportivas que estaban debajo de la mesa de centro—, creo que esto es tuyo.

—¿Las zapatillas? No, qué va. Son de Varick. Le tenemos dicho que las recoja, pero siempre se le olvida. Ya lo conocerás, es muy simpático.

Verena cogió las zapatillas y las colocó en el rincón opuesto adonde iba a dormir ella. Cogió de la nevera el trozo de empanada que le había donado Nicoleta y se sentó a ver un reportaje de *Informe Semanal* sobre la inmigración en pateras[11] en las costas canarias. Cuando terminó el programa apareció Tadeo por el salón.

—¿Qué haces?

—Preparo mi cama.

—Lo siento. Pensé que si te lo decía antes te sería más fácil…

—Sí, gracias. Sólo serán dos noches. Me han dicho que el lunes se van a otro piso.

—¿Te apetece salir a dar una vuelta?

---

español pero que en realidad hace mención a una enfermedad por contagio sexual; la segunda vez se vuelve a equivocar utilizando la palabra «Venera» que también tiene un sonido muy similar pero que su significado tiene que ver con la veneración o el acto de venerar, es decir, dar culto a Dios, a los santos o a las cosas sagradas.

[11] *Pateras*: nombre que se le da a la embarcación que utilizan los emigrantes africanos para llegar a España, de forma ilegal..

—No, gracias. Hoy no, estoy cansada.

Tadeo se fue para su habitación. Verena se metió en su saco y pensando de nuevo en que su madre estaría muy triste la llamó al móvil. Su madre, en ese momento, estaba cenando en el restaurante de lujo «Kronenhalle», en el centro de Zúrich, con un amigo pretendiente. Le agradeció la llamada, le aseguró que no estaba triste y colgó.

◄2   Dos semanas más tarde, el 12 de octubre, fiesta en toda España, se celebraba un desfile militar en el paseo de la Castellana. A Verena la despertaron las piruetas de los cazas Eurofighter que hacían vibrar los cristales de su habitación. Hay que aclarar que Verena durmió más de una semana en el salón porque Francesca y Philippe no pudieron cumplir su promesa de cambiarse de piso; la gota que colmó el vaso[1] fue cuando los chicos de la casa quedaron con unos amigos para ver por la tele un partido europeo de fútbol. Prolongaron la reunión hasta muy tarde y no se acordaron de que estaban en la habitación de Verena, excepto Tadeo, quien a partir de entonces le cedió su cuarto y se mudó con Kazuo.

Un día antes del Desfile de la Hispanidad, Verena se pasó por la facultad como cualquier otro día; al ver que las aulas estaban casi vacías comenzó a entender que una de las competencias no escritas en las guías docentes de los nuevos grados del plan Bolonia consistía en saber convertir los días festivos en largos «puentes» que se iniciaban desde la víspera y que se prolongaban no sólo al día festivo, sino también a los siguientes días hábiles hasta alcanzar el fin de semana. De camino a la biblioteca se encontró con varios compañeros de clase (más pendientes de hacer todo lo posible para conseguir hacer lo

---

[1] *La gota que colmó el vaso*: suceso que hace que una situación se vuelva insoportable.

menos posible) que, sentados en el césped del campus, planeaban reunirse esa noche.

—¿Te vienes con nosotros? Te va a gustar mucho —invitó un compañero como si de una manifestación anti-sistema se tratara.

Verena no sabía muy bien a qué la habían invitado pero accedió a ir para hacer fotos. La cita era en los alrededores del Templo de Debod, un antiguo templo nubio construido en la ribera del Nilo trescientos años antes de la era cristiana y que Egipto regaló a España a mediados del siglo XX. El templo de Debod no era un monumento majestuoso, de esos que hacen sentirse una hormiga a cualquiera que los contemple, pero a Verena le pareció perfecto. Rodeó varias veces el estanque de agua hasta que encontró a sus compañeros de clase que iban cargados con hielo, coca-colas y vino tinto, y se fue con ellos a fotografiar esas reuniones al aire libre en las que básicamente se oía música, se charlaba mucho y, sobre todo, representaban una particular forma en la que los estudiantes madrileños reivindicaban los espacios públicos.

De vuelta a casa, Verena entró en el piso y lo encontró totalmente a oscuras. Se encerró en su habitación y se quedó dormida hojeando la guía *100 lugares en Madrid donde decir «Te quiero»*[2]. Al día siguiente, cuando las piruetas de los cazas Eurofighter la despertaron, Tadeo se acercó a su antigua habitación y tocó la puerta con unos golpecitos muy tenues. Verena, desde la cama, preguntó:

[2] CASTILLA, Amelia. *100 lugares en Madrid donde decir «Te quiero»*. Barcelona, Ed. Planeta, 2005.

—¿Quién es?

—Perdona, no quería despertarte, pero es que necesito una mochila que aún tengo en el armario —se disculpó Tadeo.

Verena se levantó de la cama, cogió la mochila del armario y le abrió la puerta.

—Hola, ¿te vas de excursión? —preguntó Verena, al tiempo que le daba la mochila.

—Sí, voy a visitar a unos amigos que viven en la sierra, ¿te quieres venir? Hace un día estupendo.

—No sé, no creo. Pensaba quedarme en casa a estudiar.

—Vale. Como quieras. De todas formas, eres un rato rara, ¿no? —se sinceró Tadeo.

—¿Por qué dices eso?

—No sé. El curso apenas lleva dos semanas y ya tienes el «síndrome del empollón»[3]. Hoy es el primer día festivo y… ¿qué vas a hacer? ¿Vas a empezar a prepararte los exámenes de febrero o los de junio?

—Si te hago una propuesta no me vas a tachar de «rara».

—No sé, depende.

—¿Dónde están los demás? —preguntó mientras salía al pasillo a asomarse.

---

[3] *Empollón*: dicho de un estudiante que prepara mucho sus lecciones y se distingue más por la aplicación que por el talento.

—Creo que se han ido todos de puente. No he visto a nadie.

—Entonces, ¿estamos los dos solos en el piso?

—Eso parece.

—Es que, verás, desde que llegué a esta casa tengo muchas ganas de hacerlo.

—¿El qué? Me tienes en ascuas[4].

—¡Limpiarlo…!

Verena le mostró unos cuantos productos de limpieza que tenía guardados en el armario e intentó convencerlo para que cambiara de planes. A Tadeo no le hacía mucha gracia asumir una tarea que concernía a mucha más gente, pero cuando se hacía algo con Verena la dejadez se esfumaba[5]. Descolgaron las cortinas de todos los ventanales y las metieron en varias sesiones de lavadora; barrieron los pasillos y el salón; aspiraron las alfombras y los sillones, fregaron todo el suelo…

—¿Tú sabías que la fregona[6] es un invento español?

—¿De verdad?, pues no habéis inventado otra cosa más útil.

---

[4] *Tener a alguien en ascuas*: estar inquieto por conocer lo que la otra persona le quiere contar.

[5] *Esfumar*: disiparse, esparcirse y desvanecerse.

[6] *Fregona*: es un utensilio que sirve para limpiar el suelo y que contiene tres partes, a saber: un mango largo con una cabeza hecha de gruesos y suaves hilos de tela absorbente, un cubo donde se humedece la cabeza del mango y un escurridor para quitar el exceso de agua. Fue inventada en Estados Unidos y posteriormente perfeccionada por el zaragozano Manuel Jalón Corominas.

—Oye, que también hemos inventado el Chupa-Chups[7], el arcabuz[8], el botijo[9], el mus[10] y la peineta[11]...

—¿Qué estáis haciendo? —preguntó Manuela, la brasileña, que en ese momento salía de su habitación—, me habéis despertado, ¿a qué viene tanto alboroto?

A Verena y a Tadeo no les fue difícil convencer a Manuela para que se sumara a la «operación limpieza». Entre los tres asearon los cuatro baños, fregaron los cacharros, le sacaron brillo a los cristales, pasaron la bayeta a los azulejos de las paredes de la cocina, restregaron la grasa fosilizada[12] de los fuegos de gas, arreglaron la gran despensa (que estaba acondicionada en la cocina del otro piso contiguo) tirando latas caducadas, regaron las plantas, echaron al cubo de la basura las colillas de los ceniceros...

—¿Qué hacemos con estas zapatillas? —preguntó Verena.

—Yo las tiraría, llevan ahí meses —respondió Manuela—. Como somos tantos, no tomamos decisiones de este tipo por temor a que los otros se molesten.

---

[7] *Chupa-Chups*: caramelo de forma esférica, con un palito que sirve de mango para poder chuparlo.

[8] *Arcabuz*: arma antigua de fuego, con cañón de hierro y caja de madera, semejante al fusil, que se disparaba prendiendo la pólvora del tiro mediante una mecha móvil colocada en la misma arma.

[9] *Botijo*: vasija de barro poroso, que se usa para refrescar el agua. Es de vientre abultado, con asa en la parte superior, a uno de los lados tiene una boca proporcionada para echar el agua y, al opuesto un pitón para beber.

[10] *Mus*: cierto juego de naipes y de envite muy popular en España.

[11] *Peineta*: peine convexo que usan las mujeres por adorno o para asegurar el peinado.

[12] *Fosilizada*: pegada desde hacía mucho tiempo.

—Esas zapatillas deportivas tienen su historia —aclaró Tadeo—: Phillipe dice que son de Varick, Varick dice que son de Kazuo, Kazuo dice que son mías y yo digo que son de Phillipe; el caso que es que siguen ahí.

Verena ató las zapatillas por los cordones y las colgó de un clavo en una pared del salón.

—¡Ya está! Nuestro homenaje al fin del caos doméstico.

Cuando guardaron los cepillos ya era de noche, estaban exhaustos y se quedaron un buen rato disfrutando del olor a limpio; el piso de la calle Galileo había renacido de sus propios escombros y lucía un aspecto irreconocible, como un paraíso inédito. Sólo les quedaba colgar las cortinas que habían blanqueado con lejía. Verena estaba encima de una escalera, mientras Tadeo y Manuela le ayudaban desde abajo; en eso sonó el timbre de la casa y, Manuela y Tadeo, al mismo tiempo, hicieron el gesto de ir a abrir la puerta, con tan mala suerte que tiraron de las cortinas y desequilibraron a Verena, que se vino abajo desde lo alto de la escalera. A partir de ese momento todo fue muy rápido: Verena se quejaba mucho de un tobillo de camino a urgencias; en el Hospital Clínico San Carlos le pusieron una escayola en el pie derecho; se pasó tres semanas con el yeso[13] como recuerdo de aquella operación de limpieza que agradó a todos los inquilinos. Todos, sin excepción, mostraron su agradecimiento firmándole el yeso. A las firmas del piso se les sumaron las de muchos compañeros de clase y profesores el día que pudo ir a la Facultad acompañada por Manuela; en el

---

[13] *Yeso*: en este caso es sinónimo de escayola.

yeso firmó hasta el portero Fide, quien, al escuchar la versión de Verena sobre el accidente, no pudo dejar de decir mientras rayaba el garabato[14]:

—Sí, sí, ¡ya! Me imagino…

---

[14] *Garabato*: trazo irregular hecho con un bolígrafo, rotulador o similar, a modo de firma.

◄3   Durante las tres semanas que duró la escayola, Verena estuvo mucho tiempo sentada, con la pierna en alto, en el sofá del salón, y no se perdió ningún detalle de lo que acontecía a su alrededor. Por ejemplo, todos sus compañeros de piso mostraron un cambio tangible en sus vidas desde que pudieron comprobar que las cortinas no eran de tela gruesa y que filtraban mucha más luz de la que estaban acostumbrados. Este simple hecho desató nuevas normas de convivencia y, por supuesto, nuevos conflictos: se reunieron en una particular «junta de vecinos», en donde establecieron turnos y funciones básicas de supervivencia en las zonas comunes del piso de la calle Galileo. Se dio a conocer que Francesca y Philippe por fin habían encontrado otro piso adonde mudarse, pero que por lo visto sólo él se iba a cambiar, pues al parecer habían roto[1]. Como consecuencia, Verena podía ubicarse con Francesca como estaba previsto originalmente, pero ni la suiza ni la italiana estaban por la labor[2]; Verena con la pierna escayolada no podía asumir una mudanza de habitación y a Francesca no le importó pagar por tener un cuarto grande para ella sola. Para celebrar la nueva etapa alguien propuso organizar el siguiente fin de semana una fiesta de despedida a Philippe y el cumpleaños de Varick. Se aprobó la propuesta por unanimidad.

---

[1] *Habían roto*: habían dejado su relación sentimental de pareja.
[2] *Estar por la labor*: estar dispuesto a hacer algo.

—¿Necesitas algo? —le preguntó Manuela a Verena—, voy a ir a la comisaría a ver si puedo renovar mi NIE[3].

Hay que decir que Manuela fue quien más se preocupó durante la recuperación de Verena: le ayudaba a ducharse, a vestirse, a prepararse la comida, a moverse con las muletas…, sencillamente, le gustaba hacerle compañía.

—No, gracias —respondió Verena sentada en el sofá del salón, rascándose la pierna por debajo de la escayola—. Bueno, pensándolo mejor, quizá sí puedas hacer algo por mí. ¿Qué te parece esto?

—¿Qué es?

—Una campaña de integración sobre el uso de la bicicleta —respondió Verena—, tengo que enviar al Campus virtual un proyecto para el trabajo final de una asignatura.

—¿Y por qué este tema?

—No sé, me he dado cuenta de que es muy difícil circular en bici por las calles de Madrid, los coches se echan descaradamente encima de los ciclistas. Mira, había pensado en este eslogan: «Con dos pedales». ¿Te gusta?

—¡Me encanta! —respondió Manuela—, tiene su aquel[4].

—Todavía estoy indecisa con el tema, porque también me ha llamado mucho la atención que, aunque en Madrid existe

---

[3] *NIE*: Número de Identificación de Extranjeros
[4] *Tener su aquel*: expresión que se emplea para indicar una cualidad que no se quiere o no se acierta a decir. Se toma frecuentemente por 'gracia', 'donaire' o 'atractivo'.

una ley anti-tabaco, en casi todos los bares y restaurantes se permite fumar.

—En ese tema sí merecería mucho la pena hacer una buena campaña. ¿Ya se te ha ocurrido algo?

—No sé muy bien, pero sería algo así: aparece en escena un señor sentado en la barra de un bar, muy bien vestido; lleva un traje oscuro con un pañuelo blanco en el bolsillo de la chaqueta, con gafas, guantes y unos bigotes respingados al estilo Salvador Dalí. Le da un sorbo a la taza de café con el dedo meñique estirado y luego enciende un cigarrillo con un filtro de tubo largo. Mientras tanto una voz en off dice: «Hay personas por todo extremo excelentes y respetuosas; respetarán tu honra, tu fama y tu dinero, todo, menos una cosa: el humo de tu cigarrillo». En eso alguien le echa un cubo de agua en la cabeza, apagando el cigarrillo. Luego una frase a modo de consigna dice: «Para bajarle los humos[5] a los fumadores».

—¡Qué fuerte![6], con esa campaña no sé si prohibirían fumar definitivamente en los bares de Madrid, pero estoy segura de que impactaría muchísimo. Yo te podría sugerir otro tema. Verás, una campaña que termine con la caca de los perros en las aceras. ¡Es súper fuerte! El otro día leí en la prensa gratuita que en Madrid se generan más de dos millones de kilos de caca de perro al año, y el Ayuntamiento sólo había puesto tres multas. ¿No te parece increíble?

---

[5] *Bajar los humos a alguien*: hacer o decir algo a una persona para que tenga una actitud menos soberbia.
[6] *¡Qué fuerte!*: expresión para indicar máxima sorpresa.

—Gracias por la sugerencia —dijo Verena—, a ver por cuál me decido.

La misma tarde del día en que habían acordado celebrar la fiesta de despedida de Philippe y el cumpleaños de Varick, Tadeo le enseñaba a Kazuo a hacer una tortilla española. «Es muy fácil, Kazuo —animaba Tadeo—, es casi un producto de la ciencia infusa. Sólo con cuatro ingredientes básicos, huevos, patatas, aceite de oliva y sal, lo conseguiremos».

Nicoleta se había comprometido a preparar la tarta de cumpleaños a base de galletas, mantequilla y chocolate; cuando terminó de adornarla, la puso en el centro de la mesa y le preguntó a Philippe que si sabía cuántas velitas tenía que colocar. El francés le dijo: «Cuenta los besos que te voy a dar y lo sabrás». Después de un rato de ósculos[7] tronadores en la mejilla la rumana exclamó: «¡Huy! ¡Ya perdí la cuenta!».

Hacia las nueve de la noche llegaron los primeros invitados, casi todos eran latinoamericanos: los colombianos pusieron la música (cumbias y vallenatos) para bailar, los brasileños pusieron las bebidas (*caipirinhas*) para brindar, los mexicanos pusieron los aperitivos (guacamole y nachos) para picar, los ecuatorianos pusieron los instrumentos musicales (quena, charango y bombo) para escuchar un concierto improvisado de música andina.

Pasada la media noche llegó Varick, el matemático berlinés que ese día cumplía 23 años; todos callaron y entonaron el

---

[7] *Ósculos*: besos.

«cumpleaños feliz». Varick agradeció el gesto a su manera: «Os doy las gracias por este recibimiento. Para ser exactos hace poco más de ocho minutos que pasó mi onomástica[8], más o menos el tiempo que tarda en llegar la luz del Sol a la Tierra o el tiempo que demora el programa eMule para iniciarse».

Francesca había bebido más de la cuenta; las *caipirinhas* pasaban tan fácilmente que se confesó a Nicoleta: «Philippe, el muy cerdo, vino a la pizzería a cenar con su amiga y encima se sentó en una de las mesas que yo servía esa noche; el colmo fue cuando la idiota de su amiga me pidió que le aconsejara entre el *fetuccini* carbonara o el espagueti boloñesa. Le miré a los ojos y la mandé directamente a la mierda. Soy una tonta, al final me quedé sin novio y sin trabajo».

Manuela era la chica que más y mejor bailaba, todos los chicos querían sacarla y no la dejaban descansar, cuando ya no pudo dar un paso más cogió un vaso abandonado de *caipirinha* y fue a sentarse al lado de Verena: «¿Tú sabías que Philippe antes de salir con Francesca salió conmigo? No duramos mucho porque a él le gustaba dormir con los calcetines puestos, a mí me costó acostumbrarme, pero decidí cortar el día que vi que tenía un tomate[9]. ¡Qué asco!».

Un chico se acercó a sacar a bailar a Manuela pero ésta se negó porque estaba muy cansada, le sugirió que sacara a bailar a Verena, que aceptó a pesar de las muletas. Bailó con tanta

---

[8] *Onomástica*: día en que se celebra el santo de una persona. En este caso, Varick utiliza esta palabra para referirse a su cumpleaños.

[9] *Tomate*: en este contexto se trata de un roto o agujero hecho en una prenda de punto, como una media, un calcetín, un guante, etcétera.

gracia que los presentes terminaron haciéndole un corro[10] para aplaudir las improvisadas piruetas que hacía con los soportes de madera y su pierna escayolada; finalmente terminó en el suelo con un merecido aplauso de la concurrencia. En agradecimiento a la espontánea ovación, Verena se levantó del suelo, ayudada por más de siete brazos, y lanzó una pregunta a todos: «Para vosotros, ¿qué es lo mejor de Madrid?»

A partir de ese momento se escucharon muchísimas respuestas, que más bien parecían un bombardeo *in crescendo* de frases y palabras sueltas: «¡Rafa Nadal! ¡La paella! ¡La Cibeles! ¡La movida! ¡El Retiro! ¡El bocadillo de calamares! ¡El Atleti! ¡San Isidro! ¡El clima! ¡El Guernica! ¡Las porras! ¡El Rastro! ¡Sabina! ¡El oso y el madroño! ¡Almodóvar! ¡El Museo del Prado! ¡El chotis! *¡Las bicicletas son para el verano!* ¡Los platos combinados! ¡La Gran Vía! ¡La horchata[11]! ¡Las verbenas[12]! ¡Tierno Galván!...»

La lista de las cosas más castizas, enunciadas por una gran mayoría de personas que venían de fuera, terminó cuando toda la peña[13] comenzó a cantar un himno popular, a ritmo de chotis, que hablaba precisamente de «la gracia de un piropo retre

---

[10] *Corro*: círculo que forma la gente para hablar, para bailar.

[11] *Horchata*: bebida refrescante elaborada a base de chufas, originaria de Valencia, que se consume en las fiestas populares de Madrid.

[12] *Las verbenas*: fiestas populares que se celebran en la calle, donde la gente come, bebe y baila al son de un organillo.

[13] *Peña*: grupo de personas que participan conjuntamente en fiestas.

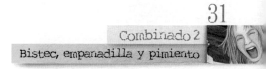

chero[14] más castizo que la calle de Alcalá» y que, Verena se enteró esa misma noche, había sido compuesto por Agustín Lara, un músico mexicano[15].

---

[14] *Retrechero*: que tiene mucho atractivo.

[15] La canción que cantan entre todos se llama «Madrid», un chotis muy popular compuesto por un músico mexicano, Agustín Lara, quien entonces no conocía España más que de oídas. A continuación transcribimos la letra del estribillo: «Madrid, Madrid, Madrid, pedazo de la España en que nací, por algo te hizo Dios la cuna del requiebro y del chotis. Madrid, Madrid, Madrid, en México se piensa mucho en ti, por el sabor que tienen tus verbenas por tantas cosas buenas que soñamos desde aquí; y vas a ver lo que es canela fina y armar la tremolina cuando llegues a Madrid».

◄4   A mediados de diciembre hacía poco más de un mes que a Verena le habían quitado la escayola y dos cosas le preocupaban: uno, terminar un trabajo para la asignatura de fotografía (la profesora le había pedido una imagen en la que, según su punto de vista, mejor se retratara la identidad madrileña); y dos, qué hacer en las vacaciones de Navidad.

En relación a la primera preocupación Verena se debatía entre varias imágenes que veía en su ordenador portátil a modo de presentación: la estatua de la mano de Botero en primer plano y los edificios del paseo de la Castellana al fondo; dos ancianos sentados en el banco de un parque charlando animadamente mientras observan los saludos que una prostituta hace al paso de los coches; el interior de un locutorio[1] en donde se ven varias cabinas con gente al teléfono con expresiones diferentes, y donde también se ve un mostrador atendido por una mujer de piel negra y un cartel pegado en la pared que dice: «las palabras son gaviotas, porque nos hacen volar»; una calle céntrica en la que hay muy pocos coches aparcados y muchos lugares vacíos, familias paseando con perros, empujando cochecitos de bebé, un niño con un globo atado a la muñeca, todos los comercios cerrados, excepto una tienda

---

[1] *Locutorio*: local comercial que ofrece el servicio de llamadas telefónicas, generalmente por un coste inferior al que esas llamadas tendrían si fueran realizadas desde una cabina en la vía pública, desde un teléfono móvil o desde uno fijo.

de alimentación regentada por una familia china; un numeroso grupo de turistas japoneses llenando de flashazos el interior del Museo del Jamón. Verena apagó el ordenador y pospuso la decisión para más adelante.

Salió de su habitación y se encontró en el salón con Nicoleta y Manuela, que se preparaban para ir de viaje a Portugal.

—¡Qué pena que no puedas venir con nosotras! —exclamó Nicoleta—, a la vuelta de Oporto nos vamos a pasar por el pueblo de Tadeo a celebrar la Navidad; la casa de su familia es muy grande.

—Tadeo nos ha contado que Toro es un pueblo precioso —añadió Manuela—, que tiene una Colegiata en donde hay una imagen de una virgen embarazada, ¿te lo puedes creer?

—Bueno, mujer —apostilló Nicoleta—, las vírgenes también se embarazan, aunque no se sabe muy bien cómo.

Tadeo llegó al salón metiendo prisa a las viajeras. Se despidieron de Verena y quedaron en volver a verse («pasara lo que pasara») en Nochevieja, al pie del Oso y el Madroño, para recibir al año nuevo soplando con un matasuegras[2]. Verena sintió mucho no acompañar a sus amigos al viaje; el motivo principal era que en unos días llegarían, en vuelo regular de Swissair, su madre Ruth y su hermano pequeño Kurt. Los planes consistían en conocer Madrid, algo de los alrededores y, sobre todo, charlar sobre el futuro de la familia.

---

[2] *Matasuegras*: tubo de papel enroscado con una boquilla por la que se sopla para que se desenrosque bruscamente y asuste.

Verena volvió a la terminal uno del aeropuerto de Barajas después de tres meses. El reencuentro con la familia fue muy emotivo, ninguno de los tres fue capaz de articular una frase con sentido, sólo se abrazaban, se limpiaban las lágrimas con las manos y aspiraban sonoramente los mocos. Las emociones fuertes continuarían para Verena, ya que su madre aprovechó ese momento tan sensible para informarle de que Rudolph, su antiguo novio de la Universidad de Zúrich, también había viajado a Madrid. A partir de esa noticia las vacaciones de Navidad se tornaron muy complicadas para la convivencia, el intercambio de experiencias y la comunicación. «¡Es que no te enteraste de que me vine a España para olvidarme de Rudolph!» —regañaba Verena a su madre en suizo alemán—. Rudolph salió a saludarla con una rosa envuelta en una caja de plástico transparente, le besó la mano y le dijo, expresamente en español, que la quería.

En realidad, esas vacaciones fueron unos días para borrar de la agenda. Una vez, en el Museo Reina Sofía, mientras Verena se conmocionaba ante la terrible escena de *El Guernica* de Picasso, en la que los personajes, sobre todo mujeres, representaban la indefensión y el dolor de la población civil ante las bombas incendiarias de la Legión Cóndor, Ruth, la madre de Verena, la ponía al tanto[3] de sus planes: «¡Me voy a volver a casar! ¡Me da igual lo que tú opines! ¡Vamos a vender nuestras viviendas, compraremos una casa grande a las afueras de

---

[3] *Poner al tanto*: mantener a alguien informado de los últimos acontecimientos.

Zúrich y nos iremos a vivir ahí todos nosotros, con él y sus tres hijos!».

El día de Nochebuena fueron de excursión, en viaje organizado, a El Escorial. Esa noche tenían una reserva para cenar en el restaurante del hotel en donde se hospedaban, pero todos estaban tan cansados que decidieron ir mucho más temprano a una cafetería de la calle Galileo. Allí pidieron cuatro platos combinados diferentes: «La idea es la mezcla de muchos alimentos en un solo plato —explicaba Verena—, más o menos como es Madrid».

Días más tarde, el último día del año, en el interior del Café Gijón, Verena explicaba a su familia que ese lugar había sido testigo de numerosas tertulias literarias desde finales del siglo XIX hasta nuestros días: «Para que os hagáis una idea, en estas mesas se sentaron a debatir sobre lo humano y lo divino escritores como: Baroja, Galdós, Benavente, Valle-Inclán o Cela…». Los acompañantes de Verena seguían con atención sus convincentes explicaciones, pero también estaban muy atentos al reloj, pues en poco rato tenían que estar en el aeropuerto para volver a casa.

Caminaron al hotel a recoger el equipaje. Pidieron un taxi y se despidieron mientras el taxista colocaba el equipaje en el maletero. Esta vez, la despedida fue menos emotiva: Ruth le dijo a su hija que había cambiado mucho; Rudolph, por su parte, también le hizo saber que había cambiado, pero que a él no le importaba, que la seguiría queriendo y esperando; en cambio, su hermano Kurt fue mucho más directo y le dijo al oído: «No quiero quedarme solo con mamá, pero si decides quedarte más tiempo en Madrid lo entenderé». El taxi se fue para el aeropuerto, esquivando la ruta del maratón de San Silvestre, mientras ella se iba en dirección a la Puerta del Sol.

Tres meses más tarde, cuando la primavera se dejó notar con sus días más largos, Verena recibió la invitación para asistir a la boda de su madre en Zúrich, que se iba a celebrar en Semana Santa; en el sobre, además de la tarjeta en donde aparecía un corazón con los nombres de los pretendientes, también venía una hoja impresa con un billete electrónico de un vuelo de ida y vuelta. Verena puso como pretexto que tenía muchos trabajos pendientes, pero como sus compañeros conocían perfectamente sus facetas de «empollona», la animaron a ir. A Verena no le apetecía hablar de ese tema con sus compañeros de piso y darles explicaciones. Así que el día previsto preparó su maleta y, en lugar de ir al aeropuerto, se fue a pasar unos días a casa de una amiga de la Facultad que vivía en Lavapiés.

En una taberna tecleó un correo electrónico: «Queridos todos: os escribo desde la terraza de un hotel, al lado del lago Zúrich. Hoy me sucedió una cosa muy extraña porque, por arte de magia, el casamiento se realizó en una corrala[4]; había muchos invitados que yo no conocía pero que a simple vista se veía que eran árabes, chinos, latinoamericanos, okupas[5] y

---

[4] *Corrala*: tipo de vivienda situada en el Madrid antiguo que se caracteriza por la construcción de viviendas de pequeño tamaño en tipo corredera, asomando todas hacia un patio común.

[5] *Okupa*: persona que hace uso de edificios abandonados temporal o permanentemente, con el fin de utilizarlos como vivienda o lugar de reunión.

gente de la tercera edad; mi hermano pequeño jugaba con otros niños al fútbol sin porterías; mi «ex» Rudolph estuvo todo el tiempo besándose con una chica de origen gitano, cuando me acerqué a saludarlos me dieron una calada de lo que estaban fumando, me gustó; mi madre iba vestida como si fuese a una procesión, mi padrastro, en cambio, vestía con chaleco gris y boina, como si fuera un chulapo[6]; de comer pusieron cocido madrileño, los invitados quedaron encantados, claro; ahora mismo os escribo rodeada de muchos «gatos»[7] y brindando con licor de madroño[8]. Un beso para todos».

Cuando Verena, meses atrás, se encontró con sus amigos en el famoso «kilómetro cero»[9] de las carreteras radiales españolas para recibir al año nuevo soplando con un matasuegras, le preguntaron si ya había pensado algún deseo. Verena no respondió al momento. Esperó a que sonaran las doce cam-

---

[6] *Chulapo*: individuo de las clases populares de Madrid que se distingue por su manera chulesca de hablar y de vestirse.

[7] *Gatos*: a los madrileños se les suele llamar «gatos» y son muchas las leyendas que lo explican. Una de ellas cuenta que en una batalla por la reconquista cristiana de Madrid, en mayo de 1085, las tropas del rey Alfonso VI se acercaron cautelosamente a Magerit (hoy Madrid) para sorprender al enemigo. De repente, uno de los soldados se separó del pelotón y comenzó a trepar por la muralla hincando la daga por las juntas de la piedra. Subió tan ágilmente que todos empezaron a decir que parecía un gato. Cuando comenzó la lucha, el hombre ya había subido al torreón de la fortaleza y cambió la bandera mora por la enseña cristiana. Se dice que en memoria de esa hazaña y desde ese momento a todos los nacidos en Madrid se les llamaría «gatos».

[8] *Licor de madroño*: bebida típica de la ciudad de Madrid, hecha a base madroños, (fruto del árbol del que toma su nombre) aguardiente, azúcar y agua. Se consume, normalmente, en las verbenas populares.

[9] *Kilómetro 0*: kilómetro desde donde parten las principales carreteras españolas, desde la A1 hasta la A6. Este km 0 se encuentra en la Puerta el Sol.

panadas del reloj de la fachada principal de la antigua Casa de Correos, a que la multitud ahí reunida gritara y se abrazara, a que terminasen todos los brindis con cava, a que pasara el tiempo, mucho tiempo, con tal de no revelar sus deseos.

◀5   A principios de junio, en plena efervescencia de las evaluaciones finales, Verena apuraba las noches para preparar exámenes y trabajos. En términos generales no había hecho un mal curso y sus notas reflejaban equivalencias con el empeño mostrado. La casa de la calle Galileo, con el término del curso lectivo, se preparaba para afrontar la acostumbrada remodelación de inquilinos: unos se iban y otros llegaban. Francesca, por ejemplo, se echó otro novio y la readmitieron en la pizzería después de pedir perdón al dueño; Nicoleta, después de aprobar todas sus asignaturas en la Escuela Oficial de Idiomas, encontró trabajo en Madrid, como traductora en una multinacional rusa; Tadeo dejó los estudios por problemas familiares; Philippe, en una visita al piso, reconoció que las zapatillas deportivas eran suyas, pero ya no le dejaron que las descolgara de la pared, a cambio le permitieron que les pusiera una pegatina con el lema «Madrid me mata»[1]; Kazuo se graduó con el mejor promedio de su promoción pero de lo que más le gustaba presumir era de que ya había aprendido a cocinar una tortilla de patata exquisita.

---

[1] *Madrid me mata*: eslogan de una campaña publicitaria que promocionó Madrid a principios de la década de los ochenta.

—Un año se pasa enseguida —les decía Verena a Varick y Manuela durante el último desayuno que pasaron juntos en ese piso.

—¿Cuándo vuelves a Zúrich? —preguntó Manuela.

—He cerrado mi billete, desde hace tiempo, para mañana sábado.

—No deberías volver ahora —se atrevió a comentar Varick—, aquí todavía tienes muchas cosas por sumar.

—Lo hago por mi hermano Kurt —aclaró Verena—, pero no os preocupéis, volveré pronto a Madrid y os prometo que os iré a visitar a vuestro nuevo pisito. Por cierto, ¿cuándo os mudáis?

—A mediados de junio —contestó Manuela emocionada.

—Pues ya no queda nada. Os felicito.

La víspera del retorno a la nueva casa de un padrastro desconocido, Verena fue a recoger unos certificados en la Secretaría de Alumnos de la Facultad, se despidió de algunos compañeros y profesores y, antes de volver a casa a cerrar las maletas, quiso despedirse de *Las Meninas* de Velázquez, *El jardín de las delicias* de El Bosco y «las majas» de Goya. Ella no lo sabía, pero sus compañeros del piso de la calle Galileo habían acordado organizarle una fiesta sorpresa de despedida. No querían que Verena se fuese de Madrid sin más, sin que le quedara una marca en la memoria de haber pasado por ese piso un año junto a ellos, sus amigos.

Verena llegó al museo casi a la hora del cierre; se le hizo tarde comprando regalos de última hora para su familia y llaveritos varios, con formas de toreros, bailaoras y guitarras, para los hermanastros desconocidos. Se sentó al pie de la estatua de Velázquez y no se le ocurrió otra cosa que decir en voz alta: «La que mucho se despide pocas ganas tiene de irse».

—¡Pues, entonces, no te vayas! —dijo una voz muy gruesa que Verena no pudo distinguir de quién era. En eso, el mismísimo Diego Velázquez, el pintor barroco, considerado uno de los máximos exponentes de la pintura española e internacional, se bajó de su pedestal de un brinco, limpiándose la caca de las palomas del pelo con un pincel que llevaba en la mano derecha.

—¡Jo! ¡Es que las palomas se pasan cuatro pueblos![2]

—¿Quién es usted? —preguntó Verena muy sorprendida.

—A leguas[3] se nota que soy el que estaba sentado en ese pedestal. Mi nombre es Diego Rodríguez de Silva y Velázquez. Te sorprenderá que me haya levantado de pronto, pero es que has dicho la combinación de palabras que me activan: visitante que se despide pero que no quiere irse de Madrid.

—¿Combinación de palabras? —se extrañó Verena—, no entiendo nada.

---

[2] *Pasarse cuatro pueblos*: expresión que significa extralimitarse, exagerar, exceder los límites.
[3] *Legua*: antigua medida itineraria, definida por el camino que regularmente se anda en una hora, y que en el antiguo sistema español equivalía a 5 572,70 m.

—Mira, niña. Es un programa piloto que ha puesto en marcha el Ayuntamiento para premiar a los visitantes que realmente lamentan tener que irse, y esta noche te ha tocado a ti. ¡Enhorabuena!

—¡Estoy alucinada[4]!

—No es para menos, pocos tienen esta oportunidad y sólo unos cuantos consiguen que el guía sea yo.

—¿Es que hay más estatuas en Madrid que cobran vida?

—Bueno, si hubieras dicho la combinación de palabras al pie de la estatua de Goya, que también se apuntó a este programa, pues francamente no te habría ido muy bien, porque sigue estando más sordo que una tapia, y no se entera de nada. Otro que me han dicho que no lo hace mal es el Almirante.

—¿Cristóbal Colón?

—Sí, pero me han dicho que no sólo le cuesta bajarse de la columna sino que, además, con el tema ese nuevo de la «globalización» no hay quien lo aguante. Tú sígueme, que del otro lado del museo tenemos una parada de taxis.

—¡Hombre! ¡Don Diego! ¡Hace ya varias semanas que no lo veía! —dijo el taxista cuando llegaron a la parada de taxis.

—¡Qué tal, Faustino! Pues ya ves, aquí me tienes otra vez —dijo Velázquez subiéndose al taxi por la puerta de atrás.

---

[4] *Alucinada*: sorprendida, asombrada, deslumbrada.

—Hoy, Don Diego, los voy a llevar a un sitio que acaban de abrir. ¡Maravilloso! —dijo el taxista arrancando el coche.

—Faustino, ya sabes que me aburre que me lleves por la calle Velázquez, además a nuestra visitante le gustará conocer algo que no haya visto todavía.

—¡Neptuno y La Cibeles! ¿También están en ese programa del Ayuntamiento? —preguntó Verena.

—Sí, pero con los dioses hay que tener mucho cuidado, porque desde que les han puesto las bufandas de los equipos de fútbol se sienten más que divinos.

—Don Diego. Pero, ¿adónde vamos?, ¿tiro[5] para la plaza de Oriente como la última vez? —preguntó Faustino.

—¡Quita!, ¡quita! —exclamó Velázquez—, que eso está lleno de reyes y militares. Mejor vamos hacia la plaza de Santa Ana a saludar a mi amigo Pedro (Calderón de la Barca).

Faustino aparcó el coche en la puerta del Teatro Español. Velázquez le hizo una seña a la estatua de su amigo y se abrazaron en mitad de la Plaza. En ese momento sonó el móvil de Verena porque Manuela le había puesto un SMS: «Fiesta sorpresa despedida en casa. No tardes». Verena apagó el móvil y entró con Velázquez y Calderón de la Barca en el Teatro Español a ver una función de *La dama duende* y, cuando terminó la representación, el dramaturgo le firmó a Verena un autógrafo

---

[5] *Tirar*: ir.

en el programa de mano. De vuelta en el taxi Verena sugirió que tenía hambre.

—Los voy a llevar a un sitio que acaban de abrir, cerca de la Glorieta de Quevedo, que se van a chupar los dedos...

—Estupendo, así invitamos a cenar a Francisco —interrumpió Velázquez—, ¿y cómo se llama el local?

—Es de mi cuñado Cosme, y el nombre se lo ha puesto en honor a usted, Don Diego: «Bar Roco», ¿lo ha pillado[6]?

—Sí, Faustino, lo he pillado ¿Y cuál es su especialidad?

—¡Las gallinejas!

—¡Perfecto!

Cuando llegaron al «Bar Roco», Cosme los recibió con entusiasmo y les ofreció la mejor mesa; poco antes habían pasado a recoger a Don Francisco de Quevedo que se sumó al plan sin poner ninguna objeción. Verena no se atrevía con un platillo compuesto por las asaduras del cordero, a saber: el intestino delgado, el bazo y las mollejas finas del páncreas que se fríen todas juntas en su propia grasa, de tal forma que adquieren formas en espiral.

—Hay que reconocer, Diego —apuntaba Quevedo—, que en nuestros tiempos no se preparaban estas exquisiteces en Madrid.

---

[6] *Pillar*: enterarse.

Durante la sobremesa hablaron de todo un poco: de las muchas versiones de *La vida del Buscón*, de lo mucho que les perjudican las palomas y el humo de los coches, de la iniciativa de las estatuas vivientes que el Ayuntamiento de Madrid ya quería exportar a otras ciudades europeas a pesar de que aún estaba en fase experimental, de los vinos de Madrid y de un sinfín de cosas más. Cuando terminaron la cena, se despidieron de Quevedo y se fueron a tomar un fino a Las Vistillas. Ya de madrugada, la estatua de La Violetera les ofreció unas flores y se sentaron todos en un banco a escuchar, por boca de Velázquez, los secretos técnicos y pictóricos del cuadro de *Las Meninas*, y a esperar a que amaneciera en la ribera del Manzanares y en la Casa de Campo.

—¿Cuándo te vas? —preguntó Velázquez.

—En unas horas sale mi avión para Zúrich —respondió Verena.

—Faustino, vamos a desayunar unos churros con chocolate y llevamos a la niña al aeropuerto.

—Antes tendría que pasar a recoger mis cosas —apuntó Verena.

—Tranquila, que nos da tiempo —añadió Faustino—, yo conozco una churrería que está abierta a estas horas.

Después del desayuno rejuvenecedor, con las primeras luces del sábado se pasaron por el piso de la calle Galileo. Faustino aparcó el taxi en un vado mientras Verena le suplicó a Velázquez:

—Venga conmigo, que mis amigos tienen que verlo. Es en el quinto izquierda, no tardamos nada, ¡por favor!

Faustino le metió prisa aconsejándole que quedaran otro día. Verena corrió a recoger sus cosas. En el vestíbulo del edificio se encontró con Fide que a esas horas estaba fregando el suelo:

—No se lo va a creer, Fide; he pasado mi última noche sensacional. Con decirle que en el taxi me está esperando Velázquez para llevarme al aeropuerto.

—Sí, sí, ¡ya! Me imagino…

Cuando Verena entró en su piso se encontró con los vestigios de la fiesta sorpresa que habían preparado en su honor. Manuela se había quedado dormida en el sofá del salón.

—Lo siento, Manuela —dijo Verena a modo de disculpa al tiempo que la despertaba—, no he podido venir antes.

—Te estuvimos esperando hasta muy tarde —comentó Manuela—, ¿dónde te has metido?

—Si te lo cuento no te lo vas a creer —respondió cortante Verena mientras entraba rápidamente en su habitación para terminar de cerrar las maletas.

—De acuerdo —dijo Manuela—, me lo cuentas por *e-mail* cuando llegues a Zúrich. Yo me voy a dormir.

Al día siguiente, domingo, había un mensaje de Verena con un documento adjunto en los correos electrónicos de todos los

compañeros del piso de la calle Galileo; se trataba de una fotografía que hizo Faustino, el taxista, que subió al piso para ayu-
darle a bajar las maletas. En esa imagen se veían las zapatillas
de Phillipe y la pegatina que decía «Madrid me mata», junto a
las zapatillas estaba ella, sonriente, sosteniendo un papel con
un mensaje escrito a mano pero que, sin embargo, se podía leer
perfectamente: «los amores que matan nunca mueren».[7]

---

[7] *Los amores que matan nunca mueren*: fragmento del estribillo de la canción *Contigo,* de
Joaquín Sabina.

❶ Terminal 4 del Aeropuerto de Madrid Barajas

❷ Estación de Atocha.

❸ Autobús urbano

❸ Servicio de taxis.

❹ Boca de metro de Madrid

■ Cuando llegues a Madrid

La ciudad de Madrid está situada en el centro de España. De ella salen las distintas carreteras que unen a la capital con todo el territorio nacional. También aquí se encuentra el Aeropuerto Internacional de Madrid Barajas, adonde llegan numerosos vuelos internacionales. Barajas cuenta, actualmente, con cuatro terminales en funcionamiento. La T4 fue inaugurada en febrero de 2006, y desde entonces ha recibido varios premios por el alabado diseño de los arquitectos Antonio Lamela y Richard Rogers. Desde esta terminal operan todos los vuelos de Iberia, la compañía aérea española por excelencia. Aparte, muy cerca de ahí, se encuentran las terminales 1, 2 y 3, ubicadas en lo que durante años fue el Aeropuerto. A la Terminal 1, por ejemplo, llega Swissair; la Compañía con la que viajó Verena. En la página Web de Aena (Aeropuertos Españoles y Navegación Aérea) encontrarás toda la información que necesites acerca del aeropuerto y vuelos: www.aena.es

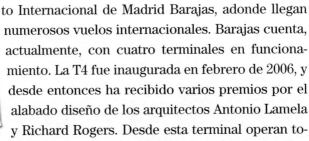

El aeropuerto está muy bien comunicado con la capital. Puedes ir en metro, autobús y taxi. En la siguiente página Web de la Comunidad de Madrid te informan de todos los transportes, así como de los precios: www.ctm.madrid.es

También puedes llegar a Madrid en tren. Para ver horarios e itinerarios puedes consultar la página Web de Renfe (Red Nacional de Ferrocarriles Españoles): www.renfe.es

■ Moverte por Madrid

La red de metro es muy amplia pero fácil de utilizar. En las ventanillas de información puedes conseguir un plano con todas las estaciones. Esto te ayudará a moverte mejor.

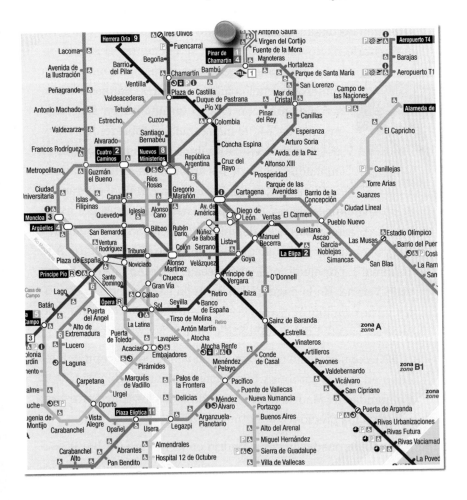

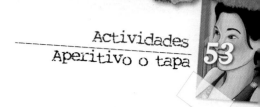

■ Qué debes saber

Lo primero que vas a necesitar es **pedir información**. Para ello tienes que conocer las expresiones que utilizarás para entablar un primer contacto con la gente. Puedes preguntar a cualquier persona o ir directamente a la ventanilla de información. Dependiendo de la situación utilizarás un registro de lengua formal o informal.

Primero, saludarás: *Hola, buenos días, buenas tardes, buenas noches.* Después, preguntarás.

Formal: preguntarás de usted. Por lo general se utiliza cuando te diriges a personas mayores o desconocidas.

—*Señor/señora, por favor, ¿podría decirme dónde está la ventanilla de información?*

—*Señor/señora, por favor, ¿podía decirme dónde está la estación de metro?*

Informal: preguntarás de tú. Lo puedes utilizar con personas jóvenes, amigos, conocidos y familiares.

—*Por favor, ¿puedes decirme dónde está la parada de taxis?*

■ **Ejercita la gramática**

> ## FÍJATE
>
> Cuando preguntamos de manera formal utilizamos
> el **condicional** (*podría*) y el **pretérito imperfecto**
> (*podía*). Cuando lo hacemos informalmente utilizamos
> el **presente** (*puedes*).
>
> **Ejemplo de diálogo en la ventanilla de información:**
>
> —*Hola, buenos días.*
> —*Buenos días, ¿qué desea?*
> —*Por favor, ¿podría decirme dónde está la estación de metro?*
> —*Sí, mire, siga todo recto hasta las escaleras y ahí gire a la derecha. A 100 metros la encontrará.*
> —*Gracias, muy amable.*

❶ **Ahora, imagina que llegas a Madrid y que quieres tomarte un café. Completa el diálogo:**

> —*Hola, ...*
> —*.............., ¿qué desea?*
> —*.............. ¿............ ponerme un café con leche?*
> —*Aquí tiene.*
> —*¿Me dice cuánto ......, por favor?*
> —*1,30 euros.*
> —*.........., hasta luego.*

❷ **Para familiarizarte con el plano de la red de metro**, te proponemos que marques el recorrido que Verena y Tadeo han realizado para llegar desde el aeropuerto hasta el metro Argüelles.

❸ **¿Conoces el origen de la tapa?**
Visita la página Web: http://es.wikipedia.org/wiki/tapa y descubre las distintas leyendas.

❶ Estadio de fútbol Santiago Bernabéu
❷ Templo de Debod.
❸ Hospital Clínico San Carlos

Actividades
Combinado 1

En el combinado 1, Verena trata de adaptarse a su nueva vida. Ha visitado ya la universidad donde va a cursar estudios y ha conocido a sus compañeros.

Madrid es una ciudad universitaria en donde cada año se dan cita miles de alumnos venidos de otras comunidades autónomas españolas y de todo el mundo. En la Comunidad de Madrid hay 6 universidades públicas: Universidad Complutense, Universidad Autónoma, Universidad Politécnica, Universidad Carlos III, Universidad Rey Juan Carlos y Universidad de Alcalá de Henares, aparte de la Universidad a Distancia (UNED) y varias privadas. Esto la convierte en una ciudad multicultural y cosmopolita, con gente amable dispuesta a acoger a todo aquel que la visita.

En la página Web www.madrid.org encontrarás toda la información institucional de la Comunidad de Madrid. Y en www.munimadrid.es, la del Ayuntamiento de la capital.

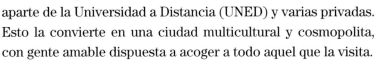

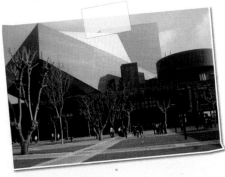

■ **Madrid en cifras:**

0	kilómetro desde donde parten las principales carreteras españolas, desde la A1 hasta la A6. Este km 0 se encuentra en la Puerta del Sol.
1 €	precio de un billete de metro o autobús.
3 213 271	habitantes dentro del término municipal, según censo de 2008.
60 580	hectáreas de superficie que ocupa el término municipal
23 622	sueldo medio de un trabajador en Madrid
1,20 a 1,80 €	precio de un café.
300-400 €	precio de lo que puede costar una habitación al mes en un piso compartido en Madrid.
2 663 200	visitantes que tuvo el Museo del Prado durante 2007.
150 €	gasto en Lotería Nacional durante 2007 por habitante.
283,3	kilómetros de la red de metro en Madrid en 2007.

■ **Ejercita la gramática**

> ## FÍJATE
>
> Para decir la nacionalidad utilizamos el verbo **ser**:
> —*Verena* es *suiza*.
>
> El verbo **ser** también indica procedencia:
> —*Tadeo* es *de España*. Es *español*.

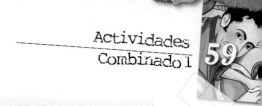

Pero, para indicar situación física
utilizamos el verbo **estar**:
—*Tadeo está en España. Tadeo está en Madrid.*

También utilizamos **estar**
para hablar de estado físico o psíquico:
—*Verena está nerviosa.*

Pero utilizamos **ser** para describir
una cualidad inherente a la persona:
—*Tadeo es nervioso.*

❶ Relaciona las dos columnas.

Nombre	Nacionalidad
Nicoleta	italiana
Verena	alemana
Philippe	brasileña
Manuela	española
Francesca	suiza
Kazuo	rumana
Varick	japonesa
Tadeo	francesa

❷ Ahora, completa el ejercicio, con el verbo *ser* o *estar*.

Verena (1)……….. triste, (2)……….. empapada, (3)……… muy
contenta de estar en Madrid. Tadeo (4)……… español. Nicole-

ta (5)............ rumana, de Bucarest, y Francesca (6)............
italiana. Philippe (7)......... francés y (8)......... el novio de
Francesca. Kazuo (9)......... japonés y (10)............ el nuevo
compañero de habitación de Tadeo. Varick no (11)......... en
el aeropuerto cuando llegó Verena, él (12)......... alemán, de
Berlín. Manuela (13)......... brasileña. Todos (14)......... compañeros de piso.

❸ En la página 21 Tadeo le enumera a Verena cinco inventos
españoles. **Lee las definiciones de la nota a pie de página
y pon nombres a las imágenes.**

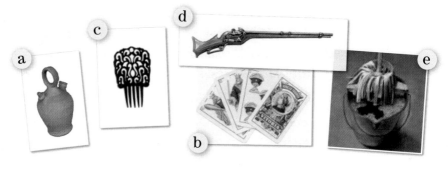

❹ **Observa las tres fotos de la página 56 y describe qué
relación tienen con la historia de Verena:**

1) Partido de fútbol europeo: ....
....

2) Templo de Debod: ....
....

3) Hospital Clínico San Carlos: ....
....

En el combinado 2, los inquilinos del piso de la calle Galileo deciden organizar una fiesta. Madrid es una ciudad festiva, alegre, en donde constantemente se celebran acontecimientos: Noche de los museos, Noche en blanco, Fiestas del Dos de Mayo (fiestas de la Comunidad de Madrid) y fiestas patronales en honor a San Isidro. Estas últimas se celebran la semana del 15 de mayo. La ciudad se llena de espectáculos callejeros, conciertos, comida, exposiciones, bailes…; todo ello conjugado con un aire moderno y tradicional. Un recorrido por Las Vistillas, el Madrid de los Austrias, la Latina…, te mostrará el Madrid más castizo y te hará descubrir sus rutas gastronómicas, en donde la tapa es el plato estrella.

En www.esmadrid.com encontrarás toda la información sobre eventos y lugares de interés de la ciudad.

■ **Ejercita la gramática**

> ## FÍJATE
>
> En la estructura **para + infinitivo**.
> La preposición *para* indica finalidad:
> *Verena vino a Madrid* para *estudiar.*
> *Verena llamó a su madre al móvil* para *avisarle*
> *de que ya había llegado.*

❶ La fiesta de la calle Galileo es multicultural, a ella acuden invitados de muchas nacionalidades, cada uno de ellos aporta algo. Todos con una finalidad. **Completa las frases.**

Colombianos: música, para ....

Brasileños: bebidas, para ....

Mexicanos: aperitivos, para ....

Ecuatorianos: instrumentos musicales, para ....

❷ Una encuesta realizada a estudiantes extranjeros de Madrid señala la tortilla de patata y la paella como los platos que más les han gustado. Recuerda lo que le dice Tadeo a Kazuo y **anota qué ingredientes se necesitan para elaborar una tortilla de patata.** Puedes encontrar la receta en www. recetas-cocina.com.es

....
....
....
....

❸ Comprueba si has entendido la lectura. **Contesta verdadero
o falso y añade la respuesta correcta.**

    a. Philippe es novio de Francesca.
....

    b. Philippe fue novio de Manuela.
....

    c. Varick cumplió 25 años.
....

    d. Tadeo enseñó a Kazuo a hacer un cocido madrileño.
....

    e. Nicoleta preparó una empanada para celebrar el
    cumpleaños.
....

    f. Verena no quiso bailar.
....

❹ **En la fiesta, la protagonista pregunta a los asistentes:
¿qué es lo mejor de Madrid? Te proponemos que hagas
lo mismo tú con tus amigos o tus compañeros de clase,
puede ser de Madrid o de cualquier otra ciudad.**

❶ Navidad en Madrid.
❷ Plaza Mayor
❸ Mercado de San Miguel

En el combinado 3, Verena recibe a su familia para celebrar las fiestas navideñas. Hablamos de finales de diciembre. En esas fechas tan frías, Madrid se viste de luces, los restaurantes se llenan de grupos de amigos que se reúnen para celebrar los últimos días del año, se regalan cestas de navidad y se come turrón.

Diciembre es un mes de mucho tráfico en la ciudad: todo el mundo sale de compras para preparar los regalos de Navidad. Los grandes almacenes y centros comerciales adornan sus fachadas para atraer al público, y las grandes calles de tiendas, como Almirante, Goya o Serrano, se alfombran como reclamo de los transeúntes. Aquí encontrarás desde primeras firmas de moda hasta los puestecitos callejeros de la Plaza Mayor, en donde año tras año es tradicional vender adornos de Navidad. Y para degustar y comprar comida, muy cerca de esta plaza se encuentra el Mercado de San Miguel, un lugar que no debes dejar de visitar.

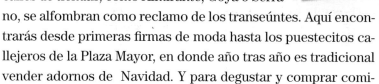

■ **Ejercita la gramática**

FÍJATE

Usamos el **futuro** para hablar de hechos que creemos van a ocurrir:

*Nicoleta y Manuela **visitarán** Toro.*

También, para expresar una acción que todavía no ha ocurrido, utilizamos la perífrasis verbal *ir a + **infinitivo***:

*Nicoleta y Manuela **van a pasar** la Navidad con Tadeo.*

---

❶ La madre de Verena le enumera una serie de cosas que piensa hacer, que caen en ella como las bombas del *Guernica*. **¿Recuerdas qué le dice? Intenta rellenar los huecos con verbos que indiquen futuro:**

> ¡Me .... a casar! ¡Me da igual lo que tú opines! ¡..................... nuestras viviendas, ... una casa grande a las afueras de Zúrich y nos .... ahí todos nosotros, con él y sus tres hijos!

❷ **¿Qué te sugieren las fotografías de Madrid que ha hecho Verena para la asignatura de fotografía? Ahora piensa en tu propia ciudad y describe una escena cotidiana que muestre lo que para ti es el lugar en el que vives.**

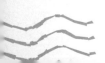

❸ El día de Nochebuena, Ruth, Rudolph, Kurt y Verena cenan unos platos combinados. **A continuación relaciona los alimentos que componen los combinados de este relato. Puedes elaborar tus propios platos combinados.**

Combinado 1	Croquetas
	Chuleta
∞	Empanadilla
Combinado 2	Ensaladilla
	Bacón
	San Jacobo
∞	Pimiento
Combinado 3	Huevos
	Bistec

❹ **Observa la foto del Oso y el Madroño y contesta verdadero o falso:**

a) Lugar en donde Verena y sus amigos quedaron para verse el último día del año. .... ☐

b) La estatua se ubica al lado de la Puerta de Alcalá. .... ☐

c) Esta escultura es el escudo del Ayuntamiento de Madrid y símbolo de la ciudad. .... ☐

1. Museo del Prado
2. Museo de Arte Reina Sofía
3. Caixa Forum Madrid
4. Jardines del Museo Thyssen-Bornemisza

■ Corredor de la cultura

El mayor deseo de Verena desde que pisó Madrid fue conocer el Museo del Prado. No es para menos. El Prado se encuentra entre las mejores pinacotecas del mundo, y alberga numerosas colecciones de Velázquez, Goya, Tiziano y Rubens, aparte de gran número de obras de El Greco, Murillo, José de Ribera, Zurbarán, Rafael, Veronese, Tintoretto, Van Dyck y El Bosco.

Se ubica en la calle que lleva su nombre: paseo del Prado, y junto al Museo Reina Sofía y el Thyssen-Bornemisza, ubicados también en dicho paseo, forma el llamado Triángulo del Arte. A ellos se les ha sumado Caixa Forum, de reciente construcción.

El proyecto arquitectónico de la actual pinacoteca fue aprobado por Carlos III en 1786, siendo Juan de Villanueva el arquitecto encargado de llevarlo a cabo. El 19 de noviembre de 1819 se inauguraba discretamente el Museo Real de Pinturas (primera denominación del museo), que mostraba algunas de las mejores piezas de las Colecciones Reales Españolas, trasladadas desde los distintos Reales Sitios. Desde entonces, el museo ha sufrido reestructuraciones y ampliaciones. La última la ejecutó el arquitecto Rafael Moneo en 2007, ampliando significativamente el espacio.

El museo cuenta con una extraordinaria página Web, en donde podrás encontrar toda la información que necesites: www.museodelprado.es

■ Ejercita la gramática

> **FÍJATE**
>
> Para hablar del pasado
> utilizamos el **pretérito indefinido**. Pero también
> puedes utilizar el **presente histórico**
> para narrar biografías de personajes.

❶ Como puedes ver en la foto de la página 68, la estatua de Velázquez se encuentra justo en la entrada principal del Museo. **Ahora vas a reconstruir la vida de este maestro de pintores, para ello rellena los huecos con los siguientes verbos.**

nació   recibió
ingresó   trasladó
fue   Murió

Aprendió   pasó
mantuvo   viajó
nombró

casó
quedó

Diego Rodríguez de Silva y Velázquez, conocido como Diego Velázquez, (1)_____ en Sevilla el 6 de junio de 1599. Allí (2)_____ sus primeros años. Desde pequeño (3)_____ una educación cultivada. (4)_____ letras, filosofía y algunas lenguas (latín, italiano y francés). En 1610 (5)_____ en el taller del pintor Francisco Pacheco, hombre importante en su vida y con cuya hija se (6)_____.

Desde muy joven (7)_____ a Italia, en donde (8)_____ contacto con los pintores de su época. En 1623 se (9)_____ a Madrid, para retratar al rey. Tanto le gustó la obra a Felipe IV que lo (10)_____ pintor de la corte. Desde entonces, su vida (11)_____ vinculada a la institución monárquica.

Velázquez (12)_____ un pintor barroco, y entre sus obras importantes destacan *Las Meninas* y *Las hilanderas*. (13)_____ en Madrid, el 6 de agosto de 1660.

❷ **Ahora reescribe la biografía utilizando el presente histórico.**

....
....
....
....
....
....
....
....
....

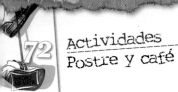

❸ El último día de estancia en Madrid, Verena vive una experiencia inolvidable. Las estatuas cobran vida. **Observa cada una de ellas y contesta verdadero o falso (V o F).**

	V	F
1. Faustino es una estatua		
2. Velázquez propone a Faustino ir a ver a Cervantes		
3. La Diosa Cibeles los acompaña en su recorrido por Madrid		
4. A Colón le es fácil bajarse de su pedestal		
5. Verena está alucinada		
6. Goya no está en el programa porque oye mal		
7. *La dama duende* es una obra de Calderón de la Barca		
8. Cosme ha puesto a su bar el nombre de «Bar Roco» porque Velázquez es un pintor Barroco		
9. A Neptuno le ponen bufandas los equipos de fútbol		
10. A Quevedo le preocupan la contaminación y la caca de las palomas		
11. La Violetera les regaló violetas		

Alcalá, calle (30). Céntrica calle de Madrid en donde se sitúa la famosa Puerta con el mismo nombre.

Almodóvar, Pedro (30). Director de cine, guionista y productor español que ha recibido los principales galardones cinematográficos internacionales, incluyendo dos premios Oscar en diversas categorías.

Argüelles, barrio de (8). Zona del centro de Madrid, cercana a la Universidad Complutense de Madrid, que se caracteriza por tener una amplia y variada población de estudiantes.

Atleti, Atlético de Madrid, (30). Equipo de fútbol de Madrid, uno de los principales de la 1.ª División.

Baroja, Pío (36) escritor vasco que vivió casi toda su vida en Madrid. Aunque estudió Medicina, ejerció poco tiempo. Entra en contacto con escritores como Azorín y Maeztu, que le llevan a entregarse a la literatura, su gran vocación. Publica sus primeros libros en 1900 tras una serie de colaboraciones en diarios y revistas. Sigue una etapa de intensa labor que conjuga con viajes por España y Europa. En 1911 publica *El árbol de la ciencia*. En 1935 ingresa en la Real Academia. Durante la Guerra Civil pasa a Francia, pero en 1940 se instala de nuevo en Madrid. Muere en 1955.

Benavente, Jacinto (36). Dramaturgo, director, guionista y productor de cine. Madrileño que obtuvo el Premio Nobel de Literatura en 1922.

Bicicletas son para el verano, Las (30). Obra de teatro de Fernando Fernán Gómez. Fue escrita durante la década de los años 70, y en 1978 consiguió el Premio Lope de Vega. Posteriormente la obra se popularizó gracias a la adaptación cinematográfica realizada en 1984 por el director madrileño Jaime Chávarri.

Bosco, El (42). Pintor holandés nacido a mediados del siglo xv. A pesar de que no fechó ninguno de sus cuadros y sólo firmó algunos, el rey Felipe II de España compró muchas de sus obras después de la muerte del pintor. Como resultado, el Museo del Prado de Madrid posee hoy en día varias de sus obras más famosas, entre las que se encuentra: *El Jardín de las Delicias*.

Botero, Fernando (33). Pintor, escultor y dibujante colombiano nacido en 1932 en Medellín (Antioquia). Considerado el artista vivo originario de Latinoamérica más cotizado actualmente en el mundo. Icono universal del arte, su extensa obra es reconocida en todas partes.

Café Gijón (36). Café fundado en 1888 en Madrid por un asturiano llamado Gumersindo García. Se convirtió tras la Guerra Civil en lugar de tertulia de intelectuales y artistas de la época.

Calamares, bocadillo de (30). Especialidad culinaria muy frecuente en España, consistente en calamares rebozados en harina y fritos en aceite. Este tipo de bocadillo es tan popular que puede encontrarse en la mayoría de los bares de la capital española. Es muy típico de la Plaza Mayor de Madrid y su aroma es muy característico de dicha plaza.

Calderón de la Barca, Pedro (45). Escritor, poeta y dramaturgo español del Siglo de Oro. Dentro de sus comedias destacan obras maestras en el género que pueden ser calificadas como comedias de enredo, como *La dama duende, Casa con dos puertas, mala es de guardar* o *El galán fantasma*, aunque su obra más conocida es *La vida es sueño*.

Casa de Campo (47). Es el mayor parque público del municipio de Madrid. Situado al oeste de la ciudad, fue propiedad histórica de la

Corona Española y coto de caza de la realeza. Tras la proclamación de la Segunda República, fue cedida por el Estado al pueblo de Madrid (1 de mayo de 1931). Desde entonces está abierta al público.

Casa de Correos (38). Actual sede de la Presidencia de la Comunidad de Madrid, se encuentra situada en la Puerta del Sol.

Cela, Camilo José (36). Autor español, enormemente prolífico, novelista, periodista, ensayista, editor de revistas literarias, conferenciante, académico español y premio Nobel de Literatura en 1989. De su obra destacan *La familia de Pascual Duarte* (1942) y *La colmena* (1951).

Cibeles, la (30, 45). Fuente y plaza del mismo nombre que se encuentra en Madrid, en el cruce del Paseo del Prado, Recoletos y la calle de Alcalá. Está delimitada por los grandes edificios del Palacio de Buenavista (Cuartel General del Ejército), Palacio de Linares (Casa de América), Palacio de Comunicaciones (antes sede de Correos y actualmente de la Alcaldía de Madrid) y Banco de España. Lo curioso es que cada uno de estos monumentos pertenece a un barrio distinto de Madrid. El entorno de la fuente de la Cibeles es lugar tradicional de encuentro para la celebración de los títulos del Real Madrid Club de Fútbol.

Colón, Cristóbal (44). Navegante y cartógrafo al servicio de la Corona de Castilla, famoso por haber realizado el denominado descubrimiento de América el 12 de octubre de 1492. Su llegada a América impulsó decisivamente la expansión mundial de Europa y la colonización por varias potencias europeas de gran parte del continente americano y de sus pobladores.

Cristo Redentor (12). Famosa estatua situada a 709 metros sobre el nivel del mar, localizada en la ciudad de Río de Janeiro, en la cima del Cerro del Corcovado. Tiene una altura total de 38 m, pero 8 m pertenecen al pedestal. Fue inaugurado el 12 de octubre de 1931, después de aproximadamente cinco años de obras.

Chotis, el (30). Una música y baile con origen en Bohemia. Su nombre deriva del término alemán *Schottisch* (escocés). Se puso de moda en toda Europa durante el siglo XIX. En Madrid al son de un organillo se baila en pareja cara a cara, y durante el baile la mujer gira alrededor del hombre, quien a su vez gira sobre su propio eje. Se dice que el hombre no necesita más espacio que el de una baldosa para bailarlo.

Dalí, Salvador (27). 1904-1989, pintor surrealista español nacido en Figueras (Cataluña), fue un artista extremadamente imaginativo ya que manifestó una notable tendencia al narcisismo y a la megalomanía para atraer la atención pública.

Dama duende, La (45). Comedia escrita por el dramaturgo español Pedro Calderón de la Barca. Se considera compuesta y estrenada en el año 1629. Se publicó por primera vez en 1636. *La dama duende* pertenece al subgénero de la comedia de capa y espada. Como es habitual en este tipo de comedias, es la protagonista femenina, Doña Ángela, quien constituye el motor de la acción.

Desfile de la Hispanidad (17). Desfile militar que se celebra el 12 de octubre de todos los años en el día de la Fiesta Nacional de España.

Escorial, Monasterio de El (35). Histórica residencia de la familia real española y lugar de sepultura de los reyes de España. Está gestionado por el organismo público Patrimonio Nacional. Es una de las más singulares arquitecturas renacentistas de España y de Europa. Situado en San Lorenzo de El Escorial (Comunidad de Madrid), ocupa una superficie de 33 327 m², sobre la ladera meridional del monte Abantos, a 1028 m de altitud, en la Sierra de Guadarrama. Fue mandado construir por Felipe II, siendo el arquitecto Juan de Herrera.

Fuentes, Carlos (8). Escritor mexicano contemporáneo. Conocido en todo el mundo por sus novelas, entre las que destacan *Aura*, *La muerte de Artemio Cruz* y *Terra Nostra*. Recibió el Premio Cervantes en 1987 y en 2009 la «Gran Cruz de Isabel la Católica».

Galileo, calle (9, 10, 11, 12, 22, 25, 36, 41, 42). Céntrica calle de Madrid del barrio de Argüelles en donde viven los protagonistas del relato.

Goya, Francisco de (42, 44). 1746-1828, Fuendetodos, Zaragoza – Burdeos, Francia. Pintor y grabador español cuya obra abarca la pintura de caballete y mural, el grabado y el dibujo. En todas estas facetas desarrolló un estilo que inaugura el Romanticismo. El arte goyesco supone, asimismo, el comienzo de la pintura contemporánea, y se considera precursor de las vanguardias pictóricas del siglo xx. Su obra refleja el convulso periodo histórico en que vive, particularmente la *Guerra de la Independencia*, de la que la serie de estampas de *Los desastres de la guerra* es casi un reportaje moderno de las atrocidades cometidas y componen una visión exenta de heroísmo donde las víctimas son siempre los individuos de cualquier clase y condición. Gran popularidad tiene su *Maja desnuda*, en parte favorecida por la polémica generada en torno a la identidad de la bella retratada. Al final del conflicto hispano-francés pinta dos grandes cuadros a propósito de los sucesos del *Levantamiento del dos de mayo de 1808*, que sientan un precedente tanto estético como temático para el cuadro de historia, que no solo comenta sucesos próximos a la realidad que vive el artista, sino que alcanza un mensaje universal. La sordera le acompañaría los últimos años de su vida.

Gran Vía, calle (30). Una de las principales calles de Madrid. Comienza en la calle de Alcalá y termina en la plaza de España. Es un importante hito en la ciudad desde el punto de vista comercial, turístico y de ocio.

Guernica, El (30, 35) Famoso cuadro de Pablo Picasso, pintado en los meses de mayo y junio de 1937, cuyo título alude al bombardeo de Guernica, ocurrido el 26 de abril de dicho año, durante la Guerra Civil Española. Fue realizado por encargo del Gobierno de la República Española para ser expuesto en el pabellón español durante la Exposición Internacional de 1937 en París, con el fin de atraer la atención del público hacia la causa republicana en plena Guerra Civil Española.

Hospital Clínico San Carlos (22). Hospital público cercano al barrio de Argüelles.

ICADE (9). Es una facultad de Ciencias Económicas y Empresariales y de Derecho perteneciente a la Universidad Pontificia Comillas, de la Compañía de Jesús, situada en Madrid. Su nombre actual es el acrónimo de su nombre original (en desuso actualmente) *Instituto Católico de Administración y Dirección de Empresas*.

Informe Semanal (14). Programa informativo que se emite semanalmente por La 1 de Televisión Española los sábados por la noche. Es uno de los programas más veteranos de la televisión en España. Inició sus emisiones el 31 de marzo de 1973, y desde entonces ha emitido más de 6000 reportajes. Actualmente, en cada programa se emiten cuatro reportajes de actualidad internacional y nacional, sociedad, cultura y espectáculos.

Isidro Labrador, san (30). Patrono de Madrid cuya fiesta se celebra todos los 15 de mayo.

Jardín de las delicias, El (42). Obra cumbre del pintor holandés Hieronymus Bosch. Se trata de un tríptico pintado al óleo de 206 × 386 cm, compuesto por una tabla central y dos laterales (pintadas en sus dos lados) que se pueden cerrar sobre aquella. Obra de gran simbolismo (que todavía no ha sido completamente descifrada) y que se sustrae a cualquier clasificación iconográfica tradicional. Considerada como una de las obras más fascinantes, misteriosas y atrayentes de la historia del arte, el cuadro forma parte de los fondos de exposición permanente del Museo del Prado de Madrid.

Lara, Agustín (30). Compositor e intérprete mexicano de canciones y boleros. Considerado entre los más populares de su tiempo y de su género. También conocido con el mote de El Flaco de Oro, su obra fue ampliamente apreciada no sólo en México, sino también en Centroamérica, Sudamérica, el Caribe y España.

Lavapiés, barrio de (37). Antigua judería de Madrid. Su nombre procede de una fuente que había en la plaza, donde se hacía el lavado ritual de las extremidades inferiores antes de acudir al templo. Actualmente es un barrio multicultural y multirracial en donde se hablan muchas lenguas.

Legión Cóndor, la (35). Fue el nombre dado a la fuerza de intervención mayoritariamente aérea que la Alemania nazi envió en ayuda de las fuerzas del general Franco para luchar en la Guerra Civil Española. La ayuda nazi consistió tanto en apoyo logístico, transporte de tropas, suministros, etc., como en apoyo en acciones de ataque con aviones de caza y bombarderos (como el famoso bombardeo de Guernica), carros de combate y artillería.

Manzanares, ribera del (47). El río Manzanares discurre íntegramente por la Comunidad de Madrid, nace en la Sierra de Guadarrama y pasa por la ciudad de Madrid.

Maratón de San Silvestre (37). Carrera popular de carácter internacional que todos los años se celebra en la ciudad de Madrid el 31 de diciembre.

Meninas, Las (42). Cuadro que recrea una escena cotidiana de la familia de Felipe IV, realizado en el año 1656. Conocida popularmente desde el siglo XIX como *Las Meninas*, es, probablemente, la obra más importante del pintor español Diego Velázquez.

Moliner, María (4). «María Moliner hizo una proeza con muy pocos precedentes: escribió sola, en su casa, con su propia mano, el diccionario más completo, más útil, más acucioso y más divertido de la lengua castellana. Se llama *Diccionario de uso del español*, tiene dos tomos de casi 3000 páginas en total, que pesan tres kilos, y viene a ser, en consecuencia, más de dos veces más largo que el de la Real Academia de la Lengua, y -a mi juicio- más de dos veces mejor. María Moliner lo escribió en las horas que le dejaba libre su empleo de bibliotecaria, y el que ella consideraba su verdadero oficio: remendar calcetines. Uno de sus hijos, a quien le preguntaron hace poco cuántos hermanos tenía, contestó: 'Dos varones, una hembra y el diccionario'» (García Márquez, Gabriel, «La mujer que escribió un diccionario» en *El País*, 10-02-1981).

Movida, la (30). Movimiento contracultural surgido durante los primeros años de la Transición de la España posfranquista, que se prolongó hasta finales de los años ochenta, teniendo su cima en 1981 con «El Concierto de Primavera». La noche madrileña fue muy activa no sólo por las salidas nocturnas de los jóvenes, sino a causa de un interés inusual por la llamada cultura alternativa.

Museo del Jamón (34). Cadena de establecimientos de comida típica que surgió en la cercanía del Museo del Prado en 1978. Su principal atractivo es la exposición de jamones de toda España que cuelgan del techo.

Museo del Prado (8, 30). Una de las pinacotecas más importantes del mundo, singularmente rica en cuadros de maestros de los siglos XVI al XIX. Su principal atractivo radica en la amplia presencia de Velázquez, Goya, Tiziano y Rubens, de los que posee las mejores colecciones que

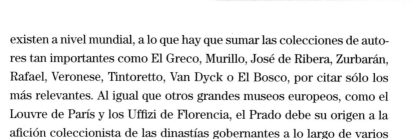
existen a nivel mundial, a lo que hay que sumar las colecciones de autores tan importantes como El Greco, Murillo, José de Ribera, Zurbarán, Rafael, Veronese, Tintoretto, Van Dyck o El Bosco, por citar sólo los más relevantes. Al igual que otros grandes museos europeos, como el Louvre de París y los Uffizi de Florencia, el Prado debe su origen a la afición coleccionista de las dinastías gobernantes a lo largo de varios siglos. Refleja los gustos personales de los reyes y su red de alianzas y enemistades políticas, por lo que es una colección asimétrica, insuperable en determinados artistas y estilos, y débil en otros.

Museo Reina Sofía (35). Fue inaugurado oficialmente en 10 de septiembre de 1992 con los fondos artísticos procedentes del Museo Español de Arte Contemporáneo, y su nombre hace honor a la Reina Sofía de España. Está situado en Madrid, en el antiguo Hospital de San Carlos, un edificio del siglo XVIII, en la zona de Atocha, cerca de las estaciones homónimas de tren y metro, y es el vértice sur del conocido como Triángulo del Arte (que además incluye al Museo del Prado y al Museo Thyssen-Bornemisza). Su principal obra expuesta es *El Guernica*, de Pablo Picasso.

Nadal, Rafa (30) Tenista español con mayor número de títulos, famoso por llegar a ser número 1 del *ranking* de la ATP, nacido en las islas Baleares pero a quien todos los españoles, incluidos los madrileños, lo consideran como si fuese propio.

Neptuno, fuente de (45). Fuente dedicada al dios romano de los mares, ocupa el centro de la plaza de Cánovas del Castillo, en el centro de Madrid. El Atlético de Madrid, equipo de primera división de la ciudad, va a esta fuente a celebrar sus títulos.

Oso y el Madroño, el (30). Escudo de Madrid, tiene su origen en la Edad Media, aunque adquirió su actual disposición en 1967. En 2004 se tomó la decisión de crear un logotipo a partir del escudo que es el que actualmente se usa como símbolo de la ciudad en todo lo producido por su Ayuntamiento.

Paella (30). Receta de cocina a base de arroz, originaria de Valencia y algunas comarcas próximas. El término proviene del valenciano *paella*, sartén, y éste del latín *patella*, especie de vasija. Surge en las zonas rurales de Valencia, entre los siglos XV y XVI, por la necesidad de campesinos y pastores de una comida fácil de transportar y cocinada con los ingredientes que tuvieran a mano.

Paseo de la Castellana (17, 33). Una de las principales avenidas de Madrid, actualmente con seis carriles centrales y cuatro laterales, que recorre la ciudad desde la Plaza de Colón, en el centro, hasta el Nudo Norte. Su trazado corresponde al del antiguo cauce fluvial del arroyo de la Fuente Castellana (fuente que manaba en la plaza de Castilla), hasta los llamados Nuevos Ministerios. Desde allí se hizo una prolongación, proyectada en tiempos de la I República, hasta casi el antiguo pueblo de Fuencarral (hoy barrio de Madrid).

Pérez Galdós, Benito (35). 1843-1920, Las Palmas de Gran Canaria–Madrid. Novelista, dramaturgo y cronista español. Fue uno de los principales representantes de la novela realista del siglo XIX y uno de los más importantes escritores en lengua española. Su obra *Fortunata y Jacinta* tiene como escenario el Madrid de su época.

Picasso, Pablo (35). (1881-1973). Uno de los mayores artistas del siglo XX, participó y estuvo en la génesis de muchos movimientos artísticos, como el cubismo, que se propagaron por todo el mundo, ejerciendo una gran influencia en muchos otros grandes artistas de su tiempo. Incansablemente prolífico, pintó más de dos mil obras sobrevivientes en museos de toda Europa y el resto del mundo.

Plaza de Oriente (45). Situada en el centro histórico de Madrid. Se trata de una plaza rectangular de cabecera curvada, de carácter monumental. Está presidida por dos de los edificios más relevantes de la capital: el Palacio Real y el Teatro Real. Además de los citados edificios, esta plaza monumental alberga diferentes jardines histórico-artísticos y una colección escultórica, en la que destaca especialmente la efigie de Felipe IV, obra del siglo XVII de Pietro Tacca. Está considerada como la primera estatua ecuestre del mundo sujetada únicamente por las patas traseras del caballo.

Plaza de Santa Ana (45). Se encuentra cerca del Teatro de la Comedia y de la calle Huertas, en el denominado barrio de las Letras. Hay en ella gran número de restaurantes y bares de tapas. En su esquina con la calle Príncipe se encuentra el Teatro Español, existente ya en el siglo XVII con el nombre de Corral de la Pacheca o del Príncipe. Tiene estatuas dedicadas al dramaturgo del Siglo de Oro Calderón de la Barca y al poeta granadino Federico García Lorca.

Porras (30). Alimento elaborado con harina y agua semejante al churro, pero más grueso, que se fríe en aceite hirviendo. En Madrid, desayunar con churros y/o porras es una costumbre muy antigua y arraigada.

Puerta del Sol (37). Plaza en la que se encuentra el denominado «kilómetro cero» de las carreteras radiales españolas. Especialmente destaca el reloj de la Casa de Correos, que fue construido en el siglo XIX, y cuyas campanadas de las 12 de la noche del 31 de diciembre marcan la tradicional toma de las doce uvas a la gran mayoría de los españoles. Dichas campanadas se empezaron a televisar el 31 de diciembre de 1962, a partir de ese año no se han dejado de retransmitir por diversos canales de televisión de España.

Quevedo, Francisco de (46). Madrid, 1580-1645, Villanueva de los Infantes, Ciudad Real. Fue un noble, político y escritor español del Siglo de

Oro, uno de los más destacados de la historia de la literatura española. Ostentó los títulos de Señor de La Torre de Juan Abad y Caballero de la Orden de Santiago. Su obra más conocida es *La vida del Buscón*.

Rastro, el (30). Mercado al aire libre que se organiza los domingos y festivos en el centro histórico de Madrid. Debe su nombre a que en la zona donde se instala se ubicaban antaño varias tenerías o curtidurías en torno a la calle de la Ribera de Curtidores cerca del matadero, que se encontraba en la ribera del Río Manzanares, por lo que al arrastrar las reses ya muertas con sus pieles desde el matadero hasta las curtidurías se dejaba un rastro de sangre. Una oscura leyenda atribuye también el nombre a la sangre que dejaban los condenados a garrote vil, que eran ejecutados públicamente en este lugar. El término también significaba las afueras, límite hasta donde alcanzaba la jurisdicción de los alcaldes de Corte.

Retiro, el (30). Uno de los parques más significativos de la capital española. Tuvo su origen entre los años 1630 y 1640, cuando el Conde-Duque de Olivares (Don Gaspar de Guzmán y Pimentel), valido del rey Felipe IV, le regaló al monarca unos terrenos para el recreo de la Corte en torno al Monasterio de los Jerónimos.

Sabina, Joaquín (30). Cantautor y poeta andaluz, de éxito en países de habla hispana, autor de muchas canciones sobre Madrid.

Sorolla, Joaquín (10) Valencia, 27 de febrero de 1863 – Cercedilla, 10 de agosto de 1923. Pintor español impresionista, fue uno de los artistas gráficos españoles más prolíficos, con más de 2 200 obras catalogadas.

Teatro Español (45). También llamado Teatro del Príncipe hasta 1849, se ubica en la plaza de Santa Ana, pertenece al Ayuntamiento de Madrid.

Tierno Galván, Enrique (30) 1918-1986. Político, sociólogo, jurista y ensayista español. En este relato es mencionado porque obtuvo la alcaldía de Madrid en las primeras elecciones municipales de la democracia (abril de 1979). Llevó a cabo importantes reformas, alcanzando una gran popularidad. Se ganó el afecto de los madrileños con sus humorísticos y bien escritos bandos municipales y con iniciativas que cuidaban los pequeños detalles, como devolver los patos al Manzanares y las flores a los jardines públicos. Atrajo también a los jóvenes, al apoyar la llamada «Movida madrileña». Su entierro, el día 21 de enero de 1986, se convirtió en una de las concentraciones más numerosas de las ocurridas en la capital de España.

Valle-Inclán, Ramón María del (36). Villanueva de Arosa, 28 de octubre de 1866 - Santiago de Compostela, 5 de enero de 1936. Dramaturgo, poeta y novelista español que formó parte de la corriente denominada Modernismo en España y próximo, en sus últimas obras, al alma de la Generación del 98. Es considerado uno de los autores clave de la literatura española del siglo xx.

Velázquez, Diego (42, 43, 44, 45, 46, 47). Diego Rodríguez de Silva y Velázquez (Sevilla, 6 de junio de 1599 – Madrid, 6 de agosto de 1660) conocido como Diego Velázquez, fue un pintor barroco, considerado uno de los máximos exponentes de la pintura española internacional.

Vida del Buscón, La (47). Es una de las obras de Francisco Quevedo, escrita entre 1603 y 1608, lo que hace de ella una de las primeras novelas del género picaresco.

Zara (13). Cadena de tiendas de moda española perteneciente al grupo Inditex, fundada por Amancio Ortega Gaona. Es la cadena insignia de la empresa y está representada en Europa, América, África y Asia con 1 412 tiendas en 69 países, 500 de ellas en España.

❶ Calle típica del barrio de Lavapiés

❹ Plaza de toros de Las Ventas

❷ Estanque de El Retiro

❺ El Rastro de Madrid

❸ Palacio Real

❻ Monasterio de El Escorial.

Solucionario

■ Aperitivo o tapa

❶ —Hola, buenos días

—Buenos días, ¿Qué desea?

—Por favor, ¿podría ponerme un café con leche?

—Aquí tiene.

—¿Me dice cuánto es, por favor?

—1,30 euros.

—Aquí tiene, hasta luego.

❷ Hay varias formas para llegar a Argüelles, una de ellas es tomar la línea 8 hasta la estación Mar de Cristal y ahí hacer trasbordo a la línea 4, en dirección a Argüelles. Otra posibilidad es seguir en la línea 8 hasta Nuevos Ministerios y ahí cambiar a la línea 6 en dirección a Argüelles.

■ Combinado 1

❶ Nicoleta: rumana; Verena: suiza, Philippe: fancesa; Manuela: brasileña; Francesca: italiana; Kazuo: japonesa; Varick: alemana; Tadeo: española.

❷ 1. está; 2. está; 3. está; 4. es; 5. es; 6. es; 7. es; 8. es; 9. es; 10. es; 11. estaba; 12. es; 13. es; 14. son.

❸ a. botijo, b. mus, c. peineta, d. arcabuz, e. fregona.

❹ Partido de fútbol: gracias al partido de fútbol, Verena consigue que Tadeo le ceda su habitación. 2. El templo de Debod es el lugar al que Verena acude para encontrarse con sus compañeros de clase. 3. En el Hospital Clínico San Carlos, Verena es atendida de su rotura de pierna.

■ **Combinado 2**

❶ Música para bailar. Bebidas para beber. Aperitivos para picar. Instrumentos para escuchar un concierto.

❷ Patatas, huevos, aceite, sal.

❸ A. V; b. V; c. F; d. F; e; f. F. Philippe es el novio de Francesca, pero lo dejan, antes había sido novio de Manuela. Varick cumplió 23 años. Tadeo le enseñó a cocinar una tortilla de patata no un cocido madrileño. Nicoleta preparó una tarta de cumpleños. Verena sí quiso bailar y todos le hicieron corro.

❹ Actividad libre.

■ **Combinado 3**

❶ ¡Me voy a volver a casar! ¡Me da igual lo que tú opines! ¡Vamos a vender nuestras viviendas, compraremos una casa grande a las afueras de Zúrich y nos iremos a vivir ahí todos nosotros, con él y sus tres hijos!

❷ Respuesta libre

❸ Combinado 1: Chuleta, Huevos y ensaladilla.
Combinado 2: Bistec, empanadilla y pimiento.
Combinado 3: San Jacobo, croquetas y bacón.

❹ a) V; b) F; c) V.

■ **Postre y café**

❶ 1. nació, 2. pasó, 3. recibió, 4. Aprendió, 5. ingresó, 6. casó. 7. viajó, 8. mantuvo, 9. trasladó, 10. nombró, 11. quedó, 12. fue, 13. Murió.

❷ 1. nace, 2. pasa, 3. recibe, 4. Aprende, 5. ingresa, 6. casa, 7. viaja, 8. mantiene, 9. traslada, 10. nombra, 11. queda, 12. es, 13. Muere.

❸ 1. F; 2. F, 3. F. 4. F, 5. V, 6. F, 7. V, 8. V, 9. V, 10, V, 11. V.